Christina Klein

Alles zur Altersteilzeit

Ist es überhaupt noch möglich, in Altersteilzeit zu gehen?

Christina Klein

Alles zur Altersteilzeit

Ist es überhaupt noch möglich, in Altersteilzeit zu gehen?

interna

Sie haben einen Ratgeber aus unserem Verlagsprogramm erworben. Damit haben Sie sich ständige Aktualität gesichert: Denn wir produzieren unsere Bücher für Sie digital, damit Sie nicht erst auf die nächste Auflage warten müssen, bis Sie von neuen Gesetzen oder Regelungen erfahren. Änderungen und Aktualisierungen arbeiten wir ohne Zeitverzögerung direkt in unsere Ratgeber ein. Unser monatlicher Newsletter informiert Sie über Ratgeber-Aktualisierungen und Neuigkeiten zu Ihrem Interessengebiet – und zwar kostenlos. Denn wir möchten, dass unsere Kunden auch nach dem Kauf stets auf dem Laufenden bleiben. Abonnieren Sie einfach unseren kostenlosen Newsletter auf www.verlag-interna.de (Rubrik "Über uns").

VIB – Titelmeldung
interna
Christina Klein
Alles zur Altersteilzeit
ISBN 978-3-945778-24-1

Umschlaggestaltung: interna, Bonn
Satz: interna, Bonn
Bearbeitung: Mirca Schmithausen
Druck: Mazuwiecki Centrum Poligrafii, Marki (Polen)

Verlag interna GmbH
Auguststr. 1, 53229 Bonn
Tel.: 02 28 / 85 44 98 - 0, Fax: 02 28 / 85 44 98 - 20
www.verlag-interna.de
info@verlag-interna.de
Handelsregister HRB 15534
Amtsgericht Bonn
Geschäftsführer: Jörg Mielczarek
Printed in Germany

Inhalt

1. Einleitung

Die wichtigste Frage zuerst: „Ist es überhaupt noch möglich, in Altersteilzeit zu gehen?“ Die Antwort: Ja, aber ohne finanzielle Förderung der Bundesagentur für Arbeit.

Was steckt eigentlich hinter dem Begriff Altersteilzeit?

Die rechtliche Grundlage findet man im Altersteilzeitgesetz (AltTZG) vom 23. Juli 1996, das zuletzt am 29. März 2017 geändert worden ist. Das Gesetz besteht lediglich aus 16 Paragraphen und ist damit gut überschaubar. Einige Paragraphen werden wir an einzelnen Stellen einbeziehen.

Wichtig ist, dass sich die Regelungen zur Förderung der Altersteilzeit geändert haben: Die Bundesagentur für Arbeit hat bis zum 31.12.2009 Arbeitgeber finanziell unterstützt, etwa bei der Aufstockung der Rentenversicherungsbeiträge. Nach diesem Stichdatum gibt es die Förderungen nur noch für Arbeitnehmer, deren Altersteilzeit vor dem 01.01.2010 begonnen hat.

Das Altersteilzeitgesetz bleibt mit den entsprechenden Änderungen aber weiterhin gültig und Sie können mit Ihrem Arbeitgeber weiterhin Altersteilzeit vereinbaren, wobei dieser alleine für die Kosten aufkommen muss.

Wie das Antragsverfahren aussieht, welche Voraussetzungen Sie dafür erfüllen müssen, welche Modelle in Frage kommen und wer für die Leistungen aufkommt, werden wir Ihnen in den nächsten Kapiteln umfassend und leicht verständlich beantworten.

2. Anspruch auf Altersteilzeit

2.1. Zweck der Altersteilzeit

In Paragraph 1 des AltTZG ist der Zweck des Gesetzes festgelegt. Danach soll älteren Arbeitnehmern ein gleitender Übergang vom Berufsleben in den Ruhestand ermöglicht werden. Gleichzeitig soll aber auch einem sonst arbeitslosen Arbeitnehmer die Aufnahme einer Erwerbstätigkeit ermöglicht werden.

2.2. Wer kann Altersteilzeit beantragen?

Wer zum begünstigten Personenkreis gehört, ist in Paragraph 2 des AltTZG geregelt. Dort sind die Voraussetzungen aufgeführt, die Sie erfüllen müssen, um die Leistungen in Anspruch nehmen zu können. Dazu zählt etwa, dass Sie das 55. Lebensjahr vollendet haben müssen und innerhalb der letzten 5 Jahre ca. 3 Jahre in einem versicherungspflichtigen Beschäftigungsverhältnis gestanden haben müssen.

Detaillierte Ausführungen zu den Voraussetzungen erhalten Sie im nächsten Kapitel.

2.3. Wer hat Anspruch auf Leistungen?

Paragraph 3 des AltTZG definiert, was der Anspruch auf Leistungen weiterhin voraussetzt: z. B. eine Aufstockung des Regelgehalts, Entrichtung von zusätzlichen Beiträgen zur gesetzlichen Rentenversicherung für den Arbeitnehmer sowie die Beschäftigung eines sonst arbeitslosen Arbeitnehmers.
Um Leistungen aus Altersteilzeit zu erhalten, muss der Arbeitgeber entweder einen bei der Arbeitsagentur als arbeitslos gemeldeten Arbeitnehmer, einen Bezieher von Arbeitslosengeld II oder einen Arbeitnehmer nach Abschluss

einer Ausbildung auf dem frei gemachten Arbeitsplatz beschäftigen. Dabei ist es nicht notwendig, dass der neu eingestellte Arbeitnehmer unmittelbar den Arbeitsplatz besetzt, den der Arbeitnehmer, der nun in Altersteilzeit ist, innehatte. Beschäftigt der Arbeitgeber nicht mehr als 50 Arbeitnehmer, wird ohnehin vermutet, dass dies nicht der Fall ist.

2.4. Wie sehen diese Leistungen aus?

Im vierten Paragraphen des AltTZG ist geregelt, wie die Leistungen, die Sie in Altersteilzeit erhalten, aussehen, und wie lange diese bezahlt werden: Wenn die Altersteilzeit vor dem 01.01.2010 begonnen wurde, werden dem Arbeitgeber von der Agentur für Arbeit die Aufstockungsbeiträge des Regelgehalts für maximal sechs Jahre erstattet. Diese Förderung der Leistungen ist also ausgelaufen. Dies wird in Paragraph 16 des AltTZG besonders deutlich: Die Leistungen für die Zeit ab dem 01.01.2010 sind nur dann zu erbringen, wenn die Voraussetzungen für den Bezug von Altersteilzeit vor diesem Zeitpunkt vorgelegen haben.

2.5. Wann erlischt oder ruht der Anspruch auf Leistungen?

Angaben zum Erlöschen und Ruhen des Anspruchs finden Sie in Paragraph 5 des AltTZG. Der Anspruch auf die Leistungen erlischt natürlich nach der vereinbarten Zeit oder dann, wenn der Arbeitnehmer eine Rente aufgrund des für Ihn maßgebenden Rentenalters beanspruchen kann, spätestens aber nach sechs Jahren. Ruhen hingegen kann der Anspruch, wenn Sie z. B. neben Ihrer Altersteilzeitarbeit eine selbstständige Betätigung ausüben, die die Geringfügigkeitsgrenze übersteigt. Die Geringfügigkeitsgrenze ist dann überschritten, wenn Sie monatlich über 450 Euro verdienen. Weiterführende arbeitsrechtliche Regelungen, z. B. zur wöchentlichen Arbeitszeit und Begriffserklärungen, z. B. zum Begriff Regelarbeitsentgelt, sind in den Paragraphen 6 bis 9 im AltTZG zu finden.

2.6. Welche Sicherung gibt es?

Was passiert, wenn ich als Arbeitnehmer in Altersteilzeit plötzlich Krankengeld oder Arbeitslosengeld beanspruchen muss? Regelungen zur sozialen Sicherung und zur Insolvenzsicherung sind in Paragraph 10 des AltTZG festgelegt, über die wir in Kapitel 6 umfassend informieren werden.

2.7. Wie muss ich als Arbeitnehmer mitwirken?

Der Arbeitgeber hat ebenfalls Pflichten, denen er nachkommen muss. Die sogenannten Mitwirkungspflichten sind im elften Paragraphen des AltTZG erklärt. So muss der Arbeitnehmer ihn betreffende Änderungen, die für den Erhalt der Leistungen erheblich sind, dem Arbeitgeber unverzüglich mitteilen. Dazu zählen z. B. die Aufnahme einer Nebentätigkeit, die Anerkennung einer Schwerbehinderung oder die Beantragung der Rente.

2.8. Wie sieht die Vereinbarung aus?

Vorschriften zum Gang des Verfahrens befinden sich in Paragraph 12 des AltTZG. Vor der Gesetzesänderung musste der Arbeitgeber einen Antrag bei der Bundesagentur für Arbeit eingereichen. Diese hat dann geprüft, ob die Voraussetzungen für den Erhalt der Leistungen vorliegen. Weil die Förderung der Bundesagentur jetzt wegfällt, muss der Arbeitnehmer eine schriftliche Vereinbarung mit dem Arbeitgeber eingehen.

Wie diese Vereinbarung aufgebaut sein sollte, sehen Sie im dritten Kapitel unter Abschnitt 4: schriftliche Vereinbarung.

Den vollständigen Gesetzestext des AltTZG können Sie sich außerdem unter www.bundesrecht.juris.de, Rubrik Gesetze, kostenfrei herunterladen.

3. Voraussetzungen

Die Voraussetzungen für den Erhalt der Leistungen sind gesetzlich geregelt und wurden Ihnen bereits in Kapitel 2 vorgestellt. Zur besseren Übersicht werden die Voraussetzungen, die Sie als „Altersteilzeitnehmer“ erfüllen müssen, zunächst aufgezählt; anschließend wird auf die Bedingungen vertiefend eingegangen.

- Mindestalter des Arbeitnehmers
- Mindestdauer der Altersteilzeit
- Beschäftigung vor der Altersteilzeit
- Schriftliche Vereinbarung
- Reduzierung der Arbeitszeit

3.1. Mindestalter des Arbeitnehmers

Altersteilzeit kann nur ein Arbeitnehmer beanspruchen. Arbeitnehmer ist, wer im rechtlichen Rahmen eines Arbeitsverhältnisses aufgrund eines privatrechtlichen Vertrages (dem sogenannten Arbeitsvertrag) verpflichtet ist, seine Arbeitskraft weisungsgebunden gegen Entgelt zur Verfügung zu stellen. Nicht Arbeitnehmer ist z. B. eine Person, die freiberuflich tätig ist oder ein Gewerbe ausübt. Der Arbeitnehmer muss, um Anspruch auf Altersteilzeit zu haben, ab dem Zeitpunkt der Reduzierung der Arbeitszeit das 55. Lebensjahr vollendet haben.

3.2. Mindestdauer der Altersteilzeit

Die Vereinbarung muss sich zumindest auf die Zeit erstrecken, bis eine Altersrente beansprucht werden kann. Gegenbeispiel: Endet die Altersteilzeit vor Beginn des Zeitpunktes, in dem der Arbeitnehmer eine Altersrente beanspruchen kann, sind die Voraussetzungen nach dem

AltTZG nicht erfüllt. Die Arbeitszeit ist also unmittelbar vor Beginn der Rente abzustellen und die Dauer der Altersteilzeit muss mindestens 3 Jahre oder mehr betragen!

Wann Sie frühestens Altersrente beanspruchen können, erfahren Sie bei Ihrem Rentenversicherungsträger.

3.3. Beschäftigung vor der Altersteilzeit

Innerhalb der letzten fünf Jahr vor Beginn der Altersteilzeit muss der Arbeitnehmer mindestens 1.080 Kalendertage (also etwa drei Jahre) in einer versicherungspflichtigen Beschäftigung gestanden haben. Zu beachten ist, dass diese Dauer auch durch eine geringfügige Teilzeitarbeit erfüllt sein kann; eine Vollzeitbeschäftigung ist nicht notwendig.

Eine versicherungspflichtige Beschäftigung ist im dritten Buch des Sozialgesetzbuches (SGB III) definiert.

Versicherungspflichtig sind z. B. Personen, die gegen ein Arbeitsentgelt oder zu ihrer Berufsausbildung beschäftigt sind, also üblicherweise Angestellte oder Auszubildende. Für diese müssen per Gesetz Abgaben zur Krankenversicherung sowie zur Rentenversicherung entrichtet werden. Beamte, Richter oder Personen mit einer geringfügigen Beschäftigung sind dagegen nicht versicherungspflichtig beschäftigt.

Einer versicherungspflichtigen Tätigkeit gleichgestellt sind z. B. Zeiten mit Anspruch auf Arbeitslosengeld sowie Zeiten, in denen Arbeitslosengeld II oder Krankengeld bezogen wurde.

3.4. Schriftliche Vereinbarung

Der Arbeitnehmer muss eine Vereinbarung mit dem Arbeitgeber treffen – und zwar vor Beginn der Altersteilzeit. Diese kann aufgrund eines Tarifvertrags, einer Regelung der Kirchen und der öffentlich-rechtlichen Religionsgemeinschaften, einer Betriebsvereinbarung oder einer Vereinbarung mit dem Arbeitgeber direkt geschlossen werden. Die Art der Vereinbarung ist natürlich abhängig von der Größe bzw. von der Art des Unternehmens oder des Betriebs.

Die Vereinbarung zwischen Arbeitgeber und Arbeitnehmer sollte wie folgt aufgebaut sein:

Vereinbarung über Altersteilzeitarbeit

Zunächst werden die Namen des Arbeitgebers und des in Altersteilzeit gehenden Arbeitnehmers aufgeführt. Es wird erwähnt, dass der Vertrag auf der Grundlage des Altersteilzeitgesetzes vom 23. Juli 1996 in seiner jeweils geltenden Fassung geschlossen wird.

Das Datum des Dienstvertragsabschlusses wird genannt, auf dessen Grundlage nun die Vereinbarung über Altersteilzeit eingegangen wird.

1 - Beginn

Hier wird der Zeitpunkt festgelegt, ab dem das Dienstverhältnis als Altersteilzeitdienstverhältnis weitergeführt wird.

2 - Arbeitszeit

(1) Dieser Abschnitt beinhaltet die Stundenanzahl der wöchentlichen Arbeitszeit. Diese muss die Hälfte der bisherigen wöchentlichen Arbeitszeit betragen.

(2) Dieser Abschnitt klärt die Verteilung der Arbeitszeit über

den das Altersteilzeitdienstverhältnis erfassenden Zeitraum. Es wird festgelegt, in welchem Modell die Altersteilzeit geleistet wird. Wenn dies im Blockmodell geschieht, werden die Dauer der Arbeitsphase sowie der Freistellungsphase festgelegt.

3 - Gehalt

Hier wird die Höhe des monatlichen Gehalts des Arbeitnehmers während der Altersteilzeit aufgeführt.

4 - Aufstockungsleistungen

(1) Hier wird die Aufstockung des monatlichen Gehalts festgelegt, die der Arbeitgeber übernimmt.

(2) Hier wird die Höhe der Aufstockung der vom Dienstgeber zu tragenden Sozialversicherungsbeiträge für den Arbeitnehmer geregelt.

(3) Hier wird geklärt, was in Fällen wie etwa krankheitsbedingter Arbeitsunfähigkeit geschieht.

5 -Ruhen des Anspruchs auf Aufstockungsleistungen

(1) In diesem Abschnitt wird festgelegt, unter welchen Bedingungen der Anspruch auf die Aufstockungsleistungen ruht.

(2) Der Anspruch auf die Aufstockungsleistungen erlischt, wenn er bis zu einer vorher festgelegten Tagesanzahl geruht hat.

6 - Nebentätigkeiten

(1) Der Antragsteller verpflichtet sich, keine Beschäftigung oder selbstständige Tätigkeit auszuüben, die die Geringfügigkeitsgrenze überschreitet. Ausnahmen gelten für folgende Tätigkeiten im Umfang von höchstens so und so viel Stunden je Woche, weil der Arbeitnehmer diese bereits innerhalb der letzten 5 Jahre vor Beginn des Altersteilzeitdienstverhältnisses ständig ausgeübt hat.

(2) Der Arbeitnehmer verpflichtet sich, dem Dienstgeber jeden möglichen Schaden aus einer Zuwiderhandlung gegen Absatz 1 zu ersetzen.

7 - Mitwirkungspflichten

(1) Die sich in Altersteilzeit befindende Person hat Änderungen der sie betreffenden Verhältnisse, die für die Altersteilzeitleistungen erheblich sind, dem Dienstgeber unverzüglich mitzuteilen.

(2) Der Dienstgeber hat ein Zurückbehaltungsrecht, wenn der Arbeitnehmer seinen Mitwirkungspflichten nach nicht nachkommt oder vorsätzlich oder grob fahrlässig unvollständige oder unrichtige Angaben macht.

8 - Ende des Dienstverhältnisses

(1) Hier wird der Zeitpunkt genannt, an dem das Dienstverhältnis unbeschadet endet.

(2) Bei vorzeitiger Beendigung des Dienstverhältnisses richten sich etwaige Ansprüche des Arbeitnehmers nach vorher festgelegten Bedingungen.

9 - Auslegung und Anpassung des Vertrages

(1) Für die Auslegung dieses Vertrags sind das Altersteilzeitgesetz in seiner jeweils geltenden Fassung sowie etwa ein Tarifvertrag oder eine Betriebsvereinbarung in der jeweils geltenden Fassung maßgebend.

(2) Sollte eine Vorschrift dieses Vertrags unwirksam sein, sind die Vertragsparteien verpflichtet, den Vertrag so zu ändern, dass die Voraussetzungen für die Leistungen erfüllt werden.

10 - Nebenabreden

Nebenabreden sind nur wirksam, wenn sie schriftlich vereinbart werden. Zuletzt werden Ort und Datum aufgeführt und beide Vertragsteilnehmer unterschreiben.

3.5. Reduzierung der Arbeitszeit

Inhalt der Vereinbarung ist die Verminderung der Arbeitszeit auf die Hälfte. Haben Sie jedoch erst kurz vor Beginn der Altersteilzeit die Arbeitszeit vermindert, kann auch auf die durchschnittliche Arbeitszeit der letzten 24 Monate abgestellt werden. Bei der Durchschnittsarbeitszeit handelt es sich um die Höchstgrenze.

Beispiel: Der Arbeitnehmer hat in den letzten 24 Monaten stets 40 Stunden pro Woche gearbeitet. Vor 18 Monaten musste er aber aus privaten Gründen die Arbeitszeit für drei Monate um 50 Prozent vermindern. In dieser Zeit hat er lediglich 20 Stunden pro Woche gearbeitet. Würde man nun lediglich die Zeit unmittelbar vor Beginn der Altersteilzeit betrachten, würde die Arbeitszeit auf 20 Stunden in der Woche vermindert.

Da in unserem Beispiel jedoch eine vorübergehende Reduzierung der Arbeitszeit stattgefunden hat, der Arbeitnehmer also während der letzten 24 Monate vor Beginn der Altersteilzeit nicht durchgängig 40 Stunden in der Woche gearbeitet hat, kann man hier auf den Zeitraum der letzten 24 Monate vor Beginn der Altersteilzeit abstellen, und daraus die durchschnittliche Wochenarbeitszeit errechnen. Daraus ergibt sich die folgende Berechnung: 21 Monate mal 40 Wochenarbeitsstunden plus 20 Arbeitsstunden mal drei Monate – diese Summe geteilt durch 24 Monate ergibt eine durchschnittliche Wochenarbeitszeit von 37,5 Stunden.

Diese Stundenzahl – gerundet auf die nächste volle Stunde nach oben oder nach unten – ist nun die Basis. Vermindert man diese Zahl um die Hälfte, ergibt sich während der Altersteilzeit eine wöchentliche Arbeitszeit von 18,5 bzw. 19 Stunden (je nach Rundung der durchschnittlichen wöchentlichen Arbeitszeit von 37,5 Stunden) in der Woche.

Zu berücksichtigen ist außerdem, dass der Arbeitnehmer auch nach der Reduzierung arbeitslosenversicherungspflichtig sein muss, also keine Reduzierung der Arbeits-zeit in einen Bereich, der zur „geringfügigen Beschäftigung“ zählt, erfolgen darf.

Eine Reduzierung der Arbeitszeit um die Hälfte heißt nicht zwingend, dass bis zum Erreichen der Altersrente wöchentlich zum Beispiel anstelle von 40 Stunden nur noch 20 Stunden gearbeitet werden muss. Es gibt vielmehr verschiedene Gestaltungsmöglichkeiten, auf die vertiefend in Kapitel 4 eingegangen wird.

Ferner muss die Vereinbarung zwischen Arbeitgeber und Arbeitnehmer beinhalten, dass das Regelarbeitsentgelt um mindestens 20 Prozent aufgestockt wird und für den Arbeitnehmer zusätzliche Beiträge zur gesetzlichen Rentenversicherung in einer bestimmten Höhe bezahlt werden. Auf die Höhe des Entgelts wird noch in Kapitel 5 eingegangen.

4. Modelle der Altersteilzeit

Wie die reduzierte Arbeitszeit in dem Zeitraum, für den Altersteilzeit beansprucht wird, verteilt wird, ist Arbeitnehmern und Arbeitgebern überlassen. Denn die Verteilung ist natürlich abhängig von der Größe des Betriebs sowie vom Bedarf der Arbeitszeit. Zu differenzieren ist zwischen dem Blockmodell und dem Gleichverteilungsmodell. Auch andere Varianten sind möglich – es ist jedoch bei allen Bedingung, dass während der gesamten Dauer der Altersteilzeit die wöchentliche Arbeitszeit im Durchschnitt halbiert wird.

4.1. Das Blockmodell

Das Blockmodell wird von der überwiegenden Anzahl der Arbeitnehmer gewählt und teilt die Altersteilzeit in zwei Hälften auf. In der ersten Hälfte wird die volle Arbeitszeit beibehalten, wobei bereits das reduzierte Altersteilzeitgehalt gezahlt wird. In der zweiten Hälfte, der Freistellungsphase, wird der Arbeitnehmer von der Arbeit freigestellt, aber bezieht das reduzierte Gehalt weiterhin.

Beispiel: Die Altersteilzeit wurde für eine Dauer von drei Jahren vereinbart; die ursprüngliche Arbeitszeit betrug 36 Wochenstunden. Die ersten 1,5 Jahre arbeitet der Arbeitnehmer 36 Stunden pro Woche und sammelt in dieser Zeit ein „Zeitguthaben“ an; die zweiten 1,5 Jahre wird er freigestellt. Mit dem Blockmodell erreicht man also einen „vorgezogenen Ruhestand“.

Wichtig: Beim Blockmodell beträgt die Höchstdauer insgesamt drei Jahre (maximal 1,5 Jahre Arbeiten, anschließend 1,5 Jahre Freistellungsphase).

Anders ist die Lage, wenn sich ausdrücklich entsprechende

Regelungen im Tarifvertrag oder z.B. in einer kirchenrechtlichen Regelung befinden: Dann beträgt die Höchstdauer üblicherweise fünf Jahre und kann sogar bei bis zu zehn Jahren liegen.

Weiterhin ist es möglich, bereits vor Beginn der Altersteilzeit ein „Zeitguthaben“ zu sammeln, um dieses in der Freistellungsphase zu verwenden.

Beispiel: Der Arbeitnehmer hat in den letzten vier Jahren vor Beginn der Altersteilzeit in den Monaten Oktober bis Dezember aufgrund von saisonal bedingtem Mehrbedarf jeweils 20 Überstunden im Monat geleistet. Diese hat er sich nicht auszahlen lassen, sondern „angespart“. Die 240 Stunden kann er während der Altersteilzeit nutzen, um entweder die Wochenarbeitszeit zu reduzieren, oder um die Freistellungsphase früher zu beginnen.

4.2. Das Gleichverteilungsmodell

Dieses Modell sieht eine gleichmäßige Verteilung der Arbeitszeit innerhalb des für die Altersteilzeit festgelegten Zeitraums vor.

Beispiel: Die Altersteilzeit wurde für eine Dauer von fünf Jahren vereinbart; die ursprüngliche Arbeitszeit betrug 36 Wochenstunden.

Während der fünf Jahre bis zum Beginn der Altersrente arbeitet der Arbeitnehmer wöchentlich 18 Stunden. Ob die Wochenstundenzahl in den nächsten fünf Jahren nun auf fünf, vier oder drei Tage verteilt wird, ist Arbeitnehmer und Arbeitgeber überlassen und kann sich natürlich auch nach de jeweiligen Anforderungen im Unternehmen richten. Sollte z.B. zum Jahresende regelmäßig mehr Arbeit anfallen, kann auch vereinbart werden, dass im Dezember die durchschnittliche wöchentliche Arbeitszeit 27 Stunden, und dafür im Januar nur neun Stunden beträgt.

Eigenschaft dieses Modells ist es also, dass während des gesamten Zeitraums, für den Altersteilzeit vereinbart wurde, gearbeitet wird und so ein gleitender Übergang in die Altersrente geschaffen wird.

5. Finanzielle Auswirkungen der Altersteilzeit

Um einen Anreiz für die Altersteilzeit zu setzen, werden allein vom Arbeitgeber finanzielle Zusatzleistungen gewährt. Diese bestehen zum einem aus der Erhöhung des monatlichen Regelarbeitsentgelts, zum anderen aus der Aufstockung der Rentenversicherungsbeiträge. Der Arbeitnehmer erhält also nicht für die Hälfte der geleisteten Arbeitszeit die Hälfte des ursprünglichen Gehalts, sondern mehr. Das Gesetz sieht hier vielmehr 70 Prozent Gehalt für 50 Prozent Arbeit vor. Auch die Rentenversicherungsbeiträge werden nicht auf 50 Prozent reduziert, sondern betragen immerhin noch 80 Prozent. Festgelegt ist dies in Paragraph 3 des AltTZG.

5.1. Aufstockung des monatlichen Entgelts

Da die Arbeitszeit während der Altersteilzeit halbiert wird, wird zunächst auch einmal Ihr monatliches Gehalt halbiert – und zwar unabhängig davon, welches Modell Sie gewählt haben.

Beispiel: Sie haben sich für das Blockmodell entschieden – ein Jahr Arbeit, ein Jahr Freistellung. Das hat zur Folge, dass Sie (wenn man der Einfachheit halber hier einmal die Erhöhung des Gehalts außer Acht lässt) in den beiden Jahren das halbe Gehalt erhalten – auch wenn Sie bereits im zweiten Jahr gar nicht mehr arbeiten. Der Arbeitgeber muss jedoch das monatliche Regelarbeitsentgelt während der Altersteilzeit um mindestens 20 Prozent erhöhen.

Aber was bedeutet Regelarbeitsentgelt genau?

Regelarbeitsentgelt ist das für die Altersteilzeit monatliche sozialversicherungspflichtige Entgelt. Dazu zählen z.B. vermögenswirksame Leistungen (vL), Prämien und ggf. Zulagen, geldwerte Vorteile (z.B. ein Firmenwagen oder die Möglichkeit, Bekleidung zum Einkaufspreis zu beziehen) sowie sozialversicherungspflichtige Zuschläge. Nicht berücksichtigt hingegen werden Einmalzahlungen wie Weihnachts- und Urlaubsgeld sowie Entgelt für eventuell geleistete Mehrarbeit.

Weiterhin gilt eine Obergrenze, die beachtet werden muss: Übersteigt Ihr Regelarbeitsentgelt die monatliche Beitragsbemessungsgrenze von 6.350 Euro (West) bzw. 5.700 Euro (Ost) (Stand: 2017), wird nicht Ihr tatsächliches Entgelt, sondern der genannte Höchstsatz zugrunde gelegt. Die sich jährlich ändernde Höhe der Beitragsbemessungsgrenzen finden Sie auf den Webseiten der Deutschen Rentenversicherung unter www.deutsche-rentenversicherung.de.

Bei den Zulagen z.B. für Feiertagsarbeit muss jedoch differenziert werden: Sind diese arbeitsvertraglich nicht geregelt, ist rückwirkend über einen Zeitraum von drei Monaten Monat für Monat festzustellen, ob diese tatsächlich durchgehend angefallen sind. Nur wenn dies der Fall ist, werden diese bei der Berechnung des Regelarbeitsentgelts berücksichtigt.

Beispiel: Das Regelarbeitsentgelt für den Monat Mai soll errechnet werden. Es ist also auf den Zeitraum Februar bis April zu schauen: Sind hier Zulagen bezahlt worden? Wenn ja, wird die Zulage im Abrechnungsmonat Mai zum Regelarbeitsentgelt gezählt, andernfalls nicht. Die Folge: Zählt die Zulage nicht zum Regelarbeitsentgelt, wird diese nicht um 20 Prozent erhöht.

Sind Zulagen im Arbeitsvertrag vorgesehen, fließen diese in

das Regelarbeitsentgelt mit ein – unabhängig davon, ob Sie die Zulage innerhalb der letzten drei Monate erhalten haben oder nicht. Grundsätzlich handelt es sich beim monatlichen Regelarbeitsentgelt während der Altersteilzeit um die Hälfte Ihres „normalen" monatlichen Entgelts. Wie sich die Erhöhung auswirkt, soll anhand eines Beispiels erläutert werden.

Beispiel: Der Arbeitnehmer verdient während der Altersteilzeit monatlich 2.000 Euro – des Weiteren erhält er regelmäßig (arbeitsvertraglich festgelegte) Zulagen für Feiertagsarbeit in Höhe von 100 Euro sowie vermögenswirksame Leistungen. Das Regelarbeitsentgelt beträgt insgesamt also 2.140 Euro.

2.000 Euro = monatliches Gehalt
100 Euro = monatliche Zulage, die jedoch in der Höhe variieren kann
40 Euro = monatliche vermögenswirksame Leistungen

Wie zu Beginn dieses Kapitels angesprochen, ist eine der Voraussetzungen der Altersteilzeit, dass das monatliche Regelentgelt um 20 Prozent erhöht wird. In unserem Beispiel beträgt der Erhöhungsbetrag 20 Prozent von 2.140 Euro, d.h. 428 Euro. Der Arbeitnehmer erhält somit während der Altersteilzeit insgesamt 2.568 Euro monatlich und somit 70 Prozent seines Gehalts vor der Altersteilzeit.

Wie bereits erläutert, handelt es sich bei dem Erhöhungsbetrag in Höhe von 20 Prozent um den Mindestprozentsatz – es kann folglich mit dem Arbeitgeber auch ein höherer Satz vereinbart werden. Oftmals sehen auch die Tarifverträge der verschiedenen Branchen bereits höhere Erhöhungsbeträge vor. Im öffentlichen Dienst z.B. ist es üblich, dass eine Aufstockung in der Höhe vorgenommen wird, dass das Nettoentgelt während der Altersteilzeit ca. 83 Prozent des Nettoentgelts vor der Altersteilzeit entspricht.

Im oben genannten Beispiel wurden die vermögenswirksamen Leistungen erwähnt. Zu bedenken ist, dass diese ja während der Altersteilzeit - anders als das regelmäßige monatliche Entgelt – üblicherweise nicht halbiert werden. Deshalb ist es möglich, dass dieser Betrag von der Erhöhung ausgenommen wird. Hier ist aber eine entsprechende arbeitsrechtliche Vereinbarung notwendig.

Obwohl die Arbeitsagentur den Erhöhungsbeitrag seit 2010 nicht mehr übernimmt, bleibt dieser weiterhin steuer- und sozialabgabenbefreit.

5.2 Aufstockung der Rentenversicherungsbeiträge

Ein weiterer finanzieller Anreiz zur Inanspruchnahme der Altersteilzeit liegt in der Aufstockung der Rentenversicherungsbeiträge. Diese sind so bemessen, als ob der Arbeitnehmer 80 Prozent seines ursprünglichen Gehalts beziehen würde. Zu beachten sind jedoch die bereits oben aufgeführten, derzeit gültigen Beitragsbemessungsgrenzen. Der Aufstockungsbetrag darf die Höhe der Beiträge für die Differenz zwischen 90 Prozent der Beitragsbemessungsgrenze und dem Regelarbeitsentgelt (Differenzbetrag) nicht überschreiten.

Beispiel 1: Das Regelarbeitsentgelt beträgt **2.500** Euro.
90 Prozent der Beitragsbemessungsgrenze i.H.v. 6.350 Euro = 5.715 Euro
Differenzbetrag: 5.715 Euro – 2.500 Euro = 3.215 Euro
(Diese Summe entspricht zugleich dem Höchstbetrag.)

80 Prozent des Regelarbeitsentgelts: 2.000 Euro zusätzlicher Beitrag zur Rentenversicherung:19,9 Prozent von 2.000 Euro = **398 Euro**.

Der zusätzliche Beitrag zur Rentenversicherung beträgt monatlich 398 Euro und überschreitet die Höchstgrenze somit nicht.

Beispiel 2: Das Regelarbeitsentgelt beträgt **3.000** Euro.
90 Prozent der Beitragsbemessungsgrenze i.H.v. 6.350 Euro = 5.715 Euro
Differenzbetrag: 5.715 Euro – 3.000 Euro = 2.715 Euro
(Diese Summe entspricht zugleich dem Höchstbetrag.)
80 Prozent des Regelarbeitsentgelts: 2.400 Euro
zusätzlicher Beitrag zur RV: 19,9 Prozent von 1.860 Euro = **370,14 Euro**. Der zusätzliche Beitrag zur RV liegt ebenfalls unterhalb der Höchstgrenze.

Beim Vergleich der Beispiele 1 und 2 wird ersichtlich, dass der zusätzliche monatliche Beitrag zur Rentenversicherung nicht parallel zum höheren Regelarbeitsentgelt verläuft.

Die zusätzlichen Beiträge (Aufstockung des monatlichen Entgelts und zusätzliche Rentenversicherungsbeiträge) werden vom Arbeitgeber allein getragen und nicht, wie üblich, zwischen Arbeitgeber und Arbeitnehmer geteilt.

Einige Tarifverträge sehen zum Teil einen höheren Aufstockungsbetrag als 80 Prozent vor – so kann der Arbeitgeber z. B. verpflichtet sein, zusätzliche Rentenversicherungsbeiträge in Höhe von 90 Prozent des Regelarbeitsentgelts bis maximal 95 Prozent der Beitragsbemessungsgrenze abzuführen.

5.3. Steuerliche Auswirkungen

Der Erhöhungsbetrag ist sowohl von Steuern als auch von Sozialabgaben befreit. Anhand eines vereinfachten Beispiels wird nun dargestellt, welche finanziellen Auswirkungen dies auf den monatlichen Nettolohn in Altersteilzeit hat.

Beispiel: Der Arbeitnehmer A (Steuerklasse 1, keine Kinder, keine Religionszugehörigkeit) verdient vor Beginn der Altersteilzeit durchschnittlich monatlich 4.000 Euro brutto. A erhält monatlich also rund 2.260 Euro netto. Sein Regelarbeitsentgelt in Altersteilzeit beträgt nun 2.000 Euro brutto.

Hinzu kommt der Erhöhungsbeitrag. Regelarbeitsentgelt in Altersteilzeit: 2.000 Euro Erhöhungsbetrag (20 Prozent): 400 Euro

Das monatliche Bruttoeinkommen von A beträgt nun insgesamt 2.400 Euro. Weiterhin ist zu beachten, dass Sozialabgaben und Steuern lediglich auf den Betrag von 2.000 Euro erhoben werden. Dies würde einem monatlichen Nettolohn von rund 1.320 Euro entsprechen.

Auf diese Summe wird der Erhöhungsbetrag aufgeschlagen. Der gesamte monatliche Nettolohn beträgt also in unserem Beispiel 1.720 Euro.

Zur Verdeutlichung: Als A Vollzeit gearbeitet hat, erhielt er monatlich 2.260 Euro netto. In Altersteilzeit erhält A nun jeden Monat – obwohl er nur 50 Prozent der ursprünglichen Arbeitszeit arbeitet – 1.720 Euro. Das sind ungefähr 76 Prozent seines ursprünglichen Nettolohns.

Die steuerfreien Leistungen müssen Sie in der Steuererklärung angeben. Ihr übriges Einkommen wird dann nach dem Steuersatz versteuert, der gelten würde, wenn die steuerfreien Leistungen dem zu versteuernden Einkommen hinzugerechnet würden. So kann es möglicherweise zu Steuerrückforderungen kommen.

6. Nachteile und Risiken

Die Altersteilzeit birgt auch Risiken für den Arbeitnehmer. Was passiert beispielsweise, wenn der Arbeitgeber plötzlich nicht mehr in der Lage ist, das monatliche Entgelt des Arbeitnehmers zu bezahlen? Oder der Arbeitnehmer erkrankt für einen längeren Zeitraum – wer kommt dann für die zusätzlichen Leistungen der Altersteilzeit auf?

Der Gesetzgeber hat zur Prävention Vorschriften in Paragraph 10 des AltTZG festgelegt, die wir nun näher erläutern werden…

6.1. Soziale Sicherung

Die gesetzlichen Sicherungen kommen z.B. dann zum Tragen, wenn der Arbeitnehmer in Altersteilzeit erkrankt oder andere Entgeltersatzleistungen beanspruchen muss. Träger sind die gesetzliche Krankenversicherung, die gesetzliche Rentenversicherung, die gesetzliche Unfallversicherung oder die Arbeitslosenversicherung. Einige Entgeltersatzleistungen in Deutschland werden an dieser Stelle kurz dargestellt

- **Krankengeld:** erhalten Arbeitnehmer bei längerer Erkrankung; es wird nach Wegfall der Entgeltfortzahlung durch die Krankenkassen bezahlt

- **Übergangsgeld:** wird von der Rentenversicherung bei Maßnahmen, die zur Rehabilitation erforderlich sind (z. B. nach einem Unfall), bezahlt – ebenfalls nach Wegfall der Entgeltfortzahlung

- **Verletztengeld:** erhalten Arbeitnehmer von der gesetzlichen Unfallversicherung, wenn aufgrund eines Berufsunfalls oder einer Berufskrankheit eine mit Arbeitsunfähigkeit verbundene Erkrankung vorliegt (nach Wegfall der Entgeltfortzahlung)

- **Übergangsgeld:** wird von der gesetzlichen Unfallversicherung bei der Teilnahme an Leistungen zur Teilhabe am Arbeitsleben bezahlt

- **Insolvenzgeld:** erhalten Arbeitnehmer von der gesetzlichen Arbeitslosenversicherung, wenn wegen Zahlungsunfähigkeit des Arbeitgebers kein Entgelt bezahlt wird

- **Kurzarbeitergeld:** wird von der Arbeitslosenversicherung bezahlt, wenn infolge eines Arbeitsausfalls kein Arbeitsentgelt bezahlt wird

- **Arbeitslosengeld:** wird während Zeiten der Arbeitslosigkeit oder der beruflichen Weiterbildung bezahlt

- **Teilarbeitslosengeld:** wird bezahlt, wenn Teilarbeitslosigkeit vorliegt

Bezieht der Arbeitnehmer für eine gewisse Dauer eine der oben genannten Leistungen (Ausnahme: Arbeitslosengeld), muss der Arbeitgeber hier das Entgelt nicht um 20 Prozent aufstocken. Das heißt, dass der „Altersteilzeitler" z. B. bei einer länger andauernden Erkrankung mit anschließenden Rehabilitationsmaßnahmen finanziell schlechter dasteht. Um diesen Nachteil auszugleichen ist bis 2010 die Bundesagentur für Arbeit mit zusätzlichen Förderungen eingesprungen.

Diese Förderung findet jetzt nicht mehr statt. Beansprucht ein Arbeitnehmer, der Altersteilzeitarbeit geleistet hat, und fü den der Arbeitgeber die in Kapitel 5 genannten Leistungen erbracht hat, Arbeitslosengeld, erhöht sich das Bemessungsentgelt. Das bedeutet, dass als Bemessungsgrundlage für die

Berechnung der Höhe des Arbeitslosengelds unter Umständen sogar der Betrag herangezogen wird, den der Arbeitnehmer vor Beginn der Altersteilzeit monatlich verdient hat. Der Arbeitnehmer kann also so gestellt werden, als ob er seine Arbeitszeit nicht im Rahmen der Altersteilzeit vermindert hätte.

Kann der Arbeitnehmer eine Altersrente in Anspruch nehmen, ist von dem Tag an, an dem die Rente erstmals beansprucht werden kann, das Bemessungsentgelt maßgebend, das ohne die oben genannte Erhöhung zugrunde gelegt würde.

6.2. Insolvenzsicherung

Um den Arbeitnehmer, der ein Zeitguthaben im Blockmodell erarbeitet hat, vor einer möglichen Insolvenz des Arbeitgebers zu schützen, hat der Gesetzgeber entsprechende Vorgaben aufgestellt. So ist der Arbeitgeber verpflichtet, das Wertguthaben ab einer bestimmten Höhe einschließlich seines Anteils am Gesamtsozialversicherungsbeitrag entsprechend abzusichern. Die Sicherung muss ab einem Wertguthaben, das der dreifachen Höhe des Regelarbeitsentgelts einschließlich des darauf entfallenden Arbeitgeberanteils am Gesamtsozialversicherungsbeitrag entspricht, erfolgen.

Der Arbeitgeber muss gegenüber dem Arbeitnehmer die Sicherung mit der ersten Gutschrift (also dann, wenn der Arbeitnehmer ein erstes Guthaben aufgebaut hat) und ab dann alle sechs Monate schriftlich nachweisen. Die Parteien können aber auch eine andere Nachweisform vereinbaren. Kommt der Arbeitgeber seiner Pflicht nicht nach, kann der Arbeitnehmer verlangen, dass Sicherheit in Höhe des bestehenden Wertguthabens geleistet wird, und zwar z.B. durch

Stellung eines tauglichen Bürgen oder durch Hinterlegung von Geld.

Welche Sicherungsmittel sind zulässig, welche sind unzulässig? Der Gesetzgeber ausdrücklich festgelegt, welche Mittel unzulässig sind. Dazu gehören die bilanzielle Rückstellung sowie zwischen Konzernunternehmen begründete Einstandspflichten, insbesondere Bürgschaften, Patronatserklärungen oder Schuldbeitritte. Zulässig hingegen sind Sicherungsmittel wie z. B. eine Bankbürgschaft oder die Verpfändung von Wertpapieren zugunsten des Arbeitnehmcrs.

Zu beachten ist, dass die Ausführungen zur Insolvenzsicherung gegenüber dem Bund, den Ländern, den Gemeinden, Stiftungen und Anstalten des öffentlichen Rechts, über deren Vermögen die Eröffnung eines Insolvenzverfahrens nicht zulässig ist, keine Anwendung finden. Gleiches gilt für juristische Personen des öffentlichen Rechts, bei denen der Bund, ein Land oder eine Gemeinde kraft Gesetzes die Zahlungsfähigkeit sichert.

7. Auswirkungen auf die Rente

Für Versicherte, die vor dem 1. Januar 1952 geboren wurden, gibt es weiterhin die Altersrente wegen Arbeitslosigkeit oder Altersteilzeit. Gesetzliche Regelungen dazu befinden sich im sechsten Buchs des Sozialgesetzbuchs (SGB VI), genauer in Paragraph 237. Voraussetzung ist, dass die Person bereits das 63. Lebensjahr vollendet und für mindestens 24 Monate die Arbeitszeit aufgrund von Altersteilzeit vermindert hat. Beim Blockmodell bedeutet das, dass der Arbeitnehmer eine zwölfmonatige Arbeitsphase beendet hat. Die Altersgrenze wird für die jeweiligen Jahrgänge schrittweise angehoben. Zu beachten ist aber, dass eine Rente vor dem 65. Lebensjahr fast immer mit Abschlägen in Höhe von 0,3 Prozent monatlich verbunden ist.

Die Vertrauensschutzregelung besagt, dass vor dem 1. Januar 1955 geborene Versicherte, die vor dem 1. Januar 2007 mit Ihrem Arbeitgeber Altersteilzeit nach dem AltTZG vereinbart haben, weiterhin mit 65 Jahren in die Regelaltersrente gehen können.

Ausnahmen gelten für folgende Personengruppen:

Für Frauen, die vor 1952 geboren wurden, gilt die besondere Regelung, dass sie auch ohne Altersteilzeit zu einem früheren Zeitpunkt, nämlich bereits ab Vollendung des 60. Lebensjahres, eine (verminderte) Altersrente beantragen können. Dazu müssen sie mindestens 15 Jahre lang in der gesetzlichen Rentenversicherung versichert sein und nach ihrem 40. Geburtstag mehr als 10 Jahre lang die Pflicht-Beiträge bezahlt haben.

Schwerbehinderte Versicherte, d. h. alle Personen mit einem Grad der Behinderung von mindestens 50 Prozent, können früher in Rente gehen, wenn sie mindestens 35 Jahre versichert sind.

Beamte des Bundes, die Anspruch auf Besoldung haben, können unter den folgenden Voraussetzungen Altersteilzeit beanspruchen:

- Üblicherweise Vollendung des 60. Lebensjahres (Ausnahme: schwerbehindert im Sinne des SGB IX oder in einem besonderen Stellenabbaubereich beschäftigt – dann kann bereits die Vollendung des 55. Lebensjahres maßgeblich sein)

- Beschäftigung vor Beginn der Altersteilzeit: Der Antragsteller muss in den letzten fünf Jahren vor Beginn der Altersteilzeit mindestens drei Jahre lang teilzeitbeschäftigt gewesen sein

- Vereinbarung der Altersteilzeit vor ihrem Beginn

- Dringende dienstliche Belange dürfen nicht entgegen stehen

- Reduzierung der Arbeitszeit

- Beginn der Altersteilzeit vor dem 1. Januar 2010

Der Antrag auf Teilzeit muss sich auf die Zeit bis zum Begin des Ruhestandes erstrecken. Die Teilzeitbeschäftigung während der Altersteilzeit beträgt die Hälfte der bisherigen Arbeitszeit, höchstens aber die Hälfte der in den letzten zwei Jahren vor Beginn der Altersteilzeit durchschnittlich zu leistenden Arbeitszeit.

Haben Beamte ebenfalls die Wahl zwischen dem Blockmode

und dem Gleichverteilungsmodell?

Unter bestimmten Bedingungen kann das von Arbeitnehmern favorisierte Blockmodell gewählt werden. Hier muss man zunächst zwischen den Altersgruppen differenzieren: Wie bereits dargelegt, ist die Inanspruchnahme von Altersrente vor Vollendung des 60. Lebensjahres ohnehin nur in Ausnahmefällen möglich. Grundsätzlich können alle Beamtengruppen von dem Gleichverteilungsmodell Gebrauch machen. Das Blockmodell können nur Beamte anwenden, die in einem festgelegten Stellenabbaubereich tätig sind. Hat der Beamte das 63. Lebensjahr vollendet, kann er nur dann Altersteilzeit beantragen, wenn er in den letzten fünf Jahren vor der Altersteilzeit drei Jahre teilzeitbeschäftigt war.

Die genannten Sondervorschriften für Beamte befinden sich im Bundesbeamtengesetz (BBG), welches am 12.02.2009 in Kraft getreten ist. Die Voraussetzungen für die Altersteilzeit sind dort hauptsächlich in Paragraph 93 geregelt.

Wie genau Sie nun Altersteilzeit beantragen können, erfahren Sie in der Checkliste im nächsten Kapitel.

8. Wie kann ich Altersteilzeit beantragen?

Damit Sie einen Überblick über die einzelnen Schritte zur Beantragung von Altersteilzeit erhalten, haben wir die folgende Checkliste für Sie zusammengestellt:

1) Als Erstes sollten Sie sich bei Ihrer **Rentenversicherung** erkundigen, wann der Zeitpunkt des Beginns Ihrer Altersrente ist. Dies ist wichtig, da die Altersteilzeit mit dem Beginn Ihrer Rente enden muss! Außerdem fragen Sie nach der Leistungshöhe Ihrer Rente und möglichen Abzügen, sollten Sie sich für einen vorzeitigen Ruhestand entscheiden.

2) Danach folgt die Absprache mit der **Personalabteilung Ihres Unternehmens**. Die Entscheidung für Altersteilzeit ist immer eine freiwillige Entscheidung auf beiden Seiten. Sie sollten sich über folgende Punkte erkundigen: Ob eine Altersteilzeit in Frage kommt, ob es bestimmte Tarifverträge oder betriebliche Absprachen dazu gibt, inwiefern der Arbeitgeber bereit wäre, Ihr Altersteilzeitgehalt und die Rentenbeiträge aufzustocken und welches Arbeitszeitmodell in Ihrem Unternehmen möglich wäre.

3) Holen Sie die **finanziellen Fakten** ein! Rechnen Sie sich aus oder lassen Sie sich ausrechnen, wie viel Sie während der Altersteilzeit verdienen würden und was Sie danach als Rente ausgezahlt bekommen. Um zu prüfen, wie groß der Unterschied zur jetzigen finanziellen Situation wäre, machen Sie am Besten eine **Aufstellung Ihrer finanziellen Verpflichtungen**, z. B. Miete bezahlen, Haus abbezahlen, Versicherungen,

Auto, Vereinsbeiträge etc. Machen Sie auch eine Liste Ihrer Einnahmen, z. B. Rente, Gehalt, zusätzliche Einnahmen vom Partner etc.

4) Entscheiden Sie sich für das **Arbeitszeitmodell**, das für Sie und Ihr Unternehmen am Besten in Frage kommt: Das Blockmodell, das Gleichverteilungsmodell oder ein individuell angepasstes Modell.

5) **Beantragen Sie die Altersteilzeit**, indem Sie Ihrem Arbeitgeber Ihren Vorschlag schriftlich vorlegen. Es gibt keinen offiziellen Standardantrag, nutzen Sie die Formulierungen auf der nächsten Seite.

Wichtig: Der Antrag darf **nicht formlos** gestellt sein, denn dann kann er aus formalen Gründen abgelehnt werden! Es müssen konkrete Daten für Beginn und Ende des Arbeitszeitverhältnisses und auch Angaben zur Verteilung der Arbeitszeit vorliegen.

Legen Sie außerdem unbedingt die **Rentenauskunft** Ihres Rentenversicherungsträgers bei! Diese können Sie auch online auf der Seite der deutschen Rentenversicherung unter „Ihr Rentenkonto" einsehen.

Antrag auf Bewilligung von Altersteilzeit

Sehr geehrte Damen und Herren,

mit diesem Schreiben beantrage ich die Änderung meines bisherigen Arbeitsvertrages zu einem Altersteilzeitarbeitsvertrag.

Hiermit beantrage ich die Inanspruchnahme von Altersteilzeit im

- Gleichverteilungsmodell vom … bis …
- Blockmodell
  Arbeitsphase vom … bis …
  Freistellungsphase vom … bis …

Im Anschluss an die Altersteilzeit (beim Blockmodell ist dies im Anschluss an die Freistellungsphase) werde ich die Altersrente in Anspruch nehmen.

Ich bin mir dabei im Klaren, dass Rentenabschläge auf Dauer in Kauf zu nehmen sind, solange das maßgebende Rentenalter noch nicht erreicht ist.

Eine aktuelle Rentenauskunft meines Rentenversicherungsträgers liegt bei. (Oder: Ich habe am … die Rentenauskunft bei meinem Rentenversicherungsträger beantragt und werde Ihnen diese nachreichen.)

Mit freundlichen Grüßen,

Ort, Datum …

Unterschrift des Antragstellers …